www.ingramcontent.com/pod-product-compliance
Lightning Source LLC
LaVergne TN
LVHW101926220826
846093LV00009B/388

* 9 7 8 9 9 4 8 7 8 8 3 9 3 *

أو يُورِقُ الصَّدى.. والصَّدأُ

عبد اللطيف السخيري

أو يُورِقُ الصَّدى.. والصَّدأُ

شعر

إصدارات دائرة الثقافة، حكومة الشارقة 2023 م

الناشر: دائرة الثقافة - حكومة الشارقة - الإمارات العربية المتحدة
الهاتف: 5123333 6 971+
البرّاق: 5123303 6 971+
الموقع الإليكتروني: www.sdc.gov.ae
البريد الإليكتروني: sdc@sdc.gov.ae

الطبعة الأولى 2023

811.964
س ع. أ
السخيري، عبداللطيف
أو يورق الصدى والصدأ / عبداللطيف السخيري .- الشارقة، الإمارات العربية المتحدة : دائرة الثقافة، 2023.
94 ص؛ 21X14 سم.
1 – الشعر العربي – المغرب – دواوين وقصائد
أ – العنوان
ISBN: 9789948788393

خيوط الدهشة

يقتفي الشاعر والناقد عبد اللطيف السخيري دهشة البداهة، في سعي حثيث لاقتفاء أثر الشاعر اليوم، وهو يسعى إلى فتح كوّة على معالم القصيدة، حيث التباسات المعنى، وهشاشة الكائن. خيوط تستل من مجازات اللغة، وقصائد ترتق خيوط عزلتها، وعالم يومئ من صدى «الصدأ». هكذا يقتفي الشاعر عبد اللطيف السخيري الأثر، وهكذا تظهر التباسات العالم اليوم، حين يصر الشاعر على انبجاس تلك «الهواجس»، والتي تسبك على الرؤى بعضاً من وجع الشاعر.

«الشاعر المدثّر بيأسه»، أو هكذا تخال القصيدة «حمالة» خيوط الدهشة، في إعادة تحيين تلك الأسئلة التي أمست تؤسس أفق القصيدة المغربية الحديثة اليوم. الانتقال من «قضايا اليومي»، إلى التفكير في أسئلة الكتابة الشعرية، تلك المعرفة التي تستقصي أفق القصيدة وأسئلة الشاعر، في استدعاء «لأنطولوجيا» السيري – الشعري.

ديوان آخر، ينضاف إلى هذه «السيرة الشعرية والنقدية» للشاعر والناقد عبد اللطيف السخيري، والذي راكم تجربة غنية في الانشغال بقضايا وأسئلة الشعر، وأيضاً في ترسيخ وعي «حاد»

بأسـئلة الكتابة الشـعرية اليوم، وأفقها المعرفي و«كينونتها». ولعلها خطوة تومئ من بعيد، في تشكيل وشائج ممتدة بين «أنا» الشاعر وقصيدته، في ارتباط وثيق بدلالات الاغتراب المضاعف، وسعي أن تصبح الكتابة سكن الشاعر و«كينونته».

دار الشعر بمراكش

يناير 2023م

عَتبة

– لَيْسَتْ قَصائِدَ شَيْءٍ حَقّاً.

– فَما هِيَ؟

– إِنَّها هَواجِس.

تشارلز سيميك(*)

(*) المسخ يعشق متاهته، ترجمة وتقديم: تحسين الخطيب، الهيئة المصرية العامة للكتاب، ط1، 2015م، ص37.

اِخْتِتَامٌ سَابِقٌ لِأَوَانِهِ

اِعْتِرَافَاتُ بَيْدَق

لَا أَعْرِفُ قَوَاعِدَ الشَّطْرَنْجِ

لَكِنَّنِي أَحْيَا

وَلَا يَعْنِينِي مَوْتُ الشَّاهِ في شَيْءٍ

فَالْبَيَاضُ وَالسَّوَادُ يُبَرْقِعَانِ جَسَدَ الْأَيَّامِ

وَذَاتي تُحِسُّ ذَاتَهَا بَيْدَقاً

تَارَةً عَلَى الْبَيَاضِ

وَتَارَةً عَلَى السَّوَادِ..

نَرْجِس يُثْخِنُ فِي مَرَايَاهُ

جِدَارُ الْوُجُود

الْمُعَلِّمُ الَّذِي أَوْقَفَنِي أَمَامَ الْجِدَارِ
أَشْكُرُهُ..
مُنْذُ ذَلِكَ الْيَوْمِ
وَأَنَا أُكَلِّمُ الْجُدْرَانَ فَتَصِيرُ مُرُوجاً
وَفَرَاشَاتٍ
مُنْذُ ذَلِكَ الْيَوْمِ
وَالْعَالَمُ خَلْفِي.. يُلَاحِقُنِي لَاهِثاً
دُونَ أَنْ أَلْتَفِتَ..

حَلْقِي نَايٌ..

وَعُيُونـي فَوَانِيسُ مُعَلَّقَةٌ عَلَى

جِدَار..

الْمُرُوجُ لَا تَزَالُ تَمْتَدُّ، وَتَمْتَدُّ..

شُكْراً لِمُعَلِّمِي

أَعْطَانِي مَعْنَى صَرْخَةِ الْوِلَادَةِ

وَهْيَ تَخْتَرِقُ جِدَارَ الْوُجُود..

كُنْ مَا تُرِيد

كُنْ مَا تُرِيد.

هَـا هُمْ تَرَكُوا قُلُوبَهُمْ عَلَـى حَافَةِ الْمَوْتِ. وَجَاؤُوا عَلَى صَهْوَةِ الْقَتَامِ، لِيَدُلُّوكَ عَلَى السَّعَادَة.. أَلْسِنَتُهُمْ فُرَشٌ وَسَكَاكِينُ، وَلُعَابُهُمْ دِمَـاءُ الْقُمَاش. أُشْـكُرْهُمْ عَلَى كُلِّ لَطْخَةٍ تَفَضَّلُـوا بِهَا لِتَكْتَمِلَ لَوْحَـةُ الْوُجُودِ التَّجْرِيدِيَّـةُ. لَوْحَتُهُمْ تِلْكَ، عَلَى مِـزَقِ الْحَيَاةِ.. بِشَـيْءٍ مِنَ التَّأَمُّلِ، سَتَعْرِفُ الْغَيْمَةُ الشَّارِدَةُ أَنَّهَا لَيْسَتْ لَوْحَتَكَ أَنْتَ.. فَكُنْ مَا تُرِيدُ.. حَتَّى وَأَنْتَ لَا تَعْرِفُ مَا تُرِيدُ.. مِثْلَ قَطْرَةٍ تَسِيرُ نَحْوَ الْمَجْهُول..

اِخْتَرْ،

اِحْتَرْ،

تَرَدَّدْ،

تَمَرَّدْ،

أَخْطِئْ..

إِنَّ الْخَطَأَ أَصْلٌ.. الْخَطَأُ حُرِّيَّةٌ.. فَكُنْ مُتَوَاضِعاً لِتَعْتَرِفَ بِتَارِيخِ أَخْطَائِكَ.. وَاعْتَذِرْ لِنَفْسِكَ إِذَا اقْتَرَفْتَ الصَّوَابَ.. كَانَ مُمْكِناً أَنْ تَسِيرَ فِي طَرِيقٍ لَهَا مُتْعَةُ الْخَيْبَةِ..

تَوَحُّد

مَالِي سِوَى نَفْسِي،

– أَنَا حُلْمُ السَّرَابْ –

لَا شَيْءَ دَاخِلِي سِوَى رُوحِي.. الشَّرِيدَهْ

لَا شَيْءَ خَارِجِي سِوَى صَدَى الْعَدَمْ..

نَرْجِسٌ مَا سَاوَرَ رُوحَهُ النَّدَمْ

وَهْوَ يَغُوصُ، بَاسِماً صَلْصَالُهُ،

كَمُدْيَةٍ مِنْ تُرَابْ

فَيُغْمِضُ الْغَدْيرُ عَيْنَهُ الْوَحِيدَهْ

كَلِيلَةً مِنْ شَطَحَاتٍ في السَّحَابْ

كَنَرْجِسٍ..

مَا لي سِوَى هَذِي الشَّظَايَا دَاخِلِي

يَصْقُلُهَا بِكَامِلِ الْحُضُورِ

سَيَّافُ الْغِيَابْ..

سِفْرُ التِّيه

1 - تَشَابُه:

بِلَظَى رِئَتِي

يَتَنَفَّسُ هَذَا الْأَنِينُ الْأَثِيرُ،

كَأَنَّهُ آخِرُ أَرْصِفَةِ الْعُمْرِ،

أَوْ أَنَّ هَذَا النَّزِيفَ الْقِطَارُ الْأَخِيرُ.

سَأُقْنِعُ نَفْسِيَ

أَنَّ الَّذِي خَطَّ تِلْكَ الْقَصَائِدَ طَيْفٌ سِوَايْ،

سَتَقُولُ الْمَرَايَا بِأَنَّهُ يُشْبِهُنِي

مِثْلَمَا تُشْبِهُ الرِّيحُ أَنَّةَ نَايْ..!

2 - رِيَاحٌ:

كُلُّ نَوَافِذِي عَلَيْكِ مُشْرَعَهْ

تَصْطَفِقُ الأَبْوَابُ جَذْلَى

مِثْلَ أَيْدٍ مُوجَعَهْ!

تَزُورُنِي أَوْرَاقُ أَشْجَارٍ،

غُبَارٌ

عَتْمَةٌ

...

تَصِيرُ ذَاتِي زَوْبَعَهْ..

3 – كينونة:

(إلى أستاذي عبد العزيز بومسهولي)

أَنْ تَكُونَ هُنَـا، وَهُنَـاكْ.

هَا هُنَـا؛

غَـائِباً عَنْ أَنَـاكْ.

وَهُنَـاكْ؛

مُـفْعَماً بِشَذَا غَـائِبٍ حَـاضِرٍ فِي حَشَـاكْ

أَنْ تَكُونَ هُنَاكَ،

إِذَنْ: لَنْ تَكُونَ هُنَا..

بَلْ سَرَاباً،

وَذَاتُكَ ظِلٌّ

لِرَجْعِ صَدَاكْ!

مرْآةُ الرَّمَاد

هَا تَحْضُنِينَ رُؤَى الرَّمَادِ
كَحَقْلِ حَرْبٍ
مَدَّ فيهِ نَصْرَهُ الْعَبَثُ
أَقْبَرْتُ فيكِ حَرَائِقِي،
قَلَقِي،
نَحِيبَ مِدَادِي،
أَحْلامَ طِفْلٍ كُنْتُهُ...
فَتَسَاقَطَتْ مِنْ ذَاتِيَ الْجُثَثُ.
مِرْآةُ عُمْرِي أَنْتِ،
شَيْبُكِ بِرْكَةٌ سَالَتْ بِفِضَّتِهَا

حِدَاداً في حِدَادِي،

كُلَّمَا حَدَّقْتُ فيهَا

حَدَّقَتْ فِي عَيْنِيَ الْخَيْبَاتُ

تِلْك مَلَامِحِي وَمَلاحِمِي:

فِتْيَانُ كَهْفٍ مَا دَرَوْا

في الْكَهْفِ كَمْ لَبِثُوا.

فَلْتَشْهَدِ الْأَعْقَابُ، أُورِثُهَا لِأَعْقَابي،

عَلَى تَقْبِيلِيَ الْمَوْتَ الْمُؤَجَّلَ..

لَسْتُ أَكْتَرِثُ..!

كَـمَـدٌ..

كَمَدٌ

بِصَمْتِ الأَنْبِيَاءِ

أُوَدِّعُهْ

مِنِّي...

إِلَى أَقْصَى الْوَرِيدِ

أُشَيِّعُهْ!

سُبُلِي مَتَاهَاتٌ

تَسُوقُ هَوَاجِسِي

نَحْوَ السَّرابِ، يَعُبُّهَا،

أَتَجَرَّعُهْ!

أَحْيَا بِغُصَّتِهِ

فَأَحْمَدُ وَهْمَهُ،

وَيَكُونُ مِنْ بَيْدَاءِ يَأْسِي

مَطْلَعُهْ.

حَنْظَلَةُ يَهْجِسُ بِرُؤَاه

يُوسُفُ في غَيَابَاتِ مُرَّاكش

أَنَا يُوسُفُ،

لَا شَأْنَ لِلذِّئْبِ بِي،

لَا،

وَلَا بِالْعَمَى فِي عُيُونِ أَبِي..

يَا أَبِي

أَنْتَ أُودِيبُ هَذَا الزَّمَانِ

لِمَاذَا أَرَحْتَ عَمَاكَ عَلَى كَاهِلِي؟

وَأَنَا

مَا قَصَصْتُ لِغَيْرِكَ نَزْفَ رُؤَايْ

وَنَثَرْتُ شُمُوسَ هَوَايَ

فَمَا أَثْمَرَتْ

غَيْرَ شَوْكٍ يَعِيثُ

أَمَامَ خُطَايْ

هَا أَنَا في سُجُونِ السَّرَابِ

أَنُوءُ بِأَغْلَالِ آلِكْ:

نَعَرَاتِ الْقَبَائِلِ،

صَخْرِ الْأَوَائِلِ،

ثَأْرِ دَمٍ لَمْ أُرِقْهُ

عَلَى عَتَبَاتِ الْمَمَالِكْ

هَا أَنَا في سُجُونِ الْغِيَابِ

وَلَيْسَتْ أَحَبَّ إِلَيَّ

مِنْ مَشَاعِلِ حُرِّيَّةٍ تَتَلأْلأُ

في لَيْلِ أُمَّتِنَا الْحَالِكْ

هَا أَنَا في سُجُونٍ

تُقَهْقِهُ قُضْبَانُهَا صَدَاً،

كُلَّمَا أَنْهَرَتْ يَدُ قَابِيلِهَا طَعْنَةً

رَشَفَ الْقَيْدُ حُرِّيَّتِي..!

كَيْ أَمُوتَ مِرَاراً

عَلَى صَدْرِ حُزْنِي

وَلَا يَسْتَثِيرَ الْغُرَابَ صَدَى جُثَّتِي

يَا أَبِي

خُذْ قَمِيصِي مُوَشّى بِزَهْرِ دَمِي

واسْتَعِدْ بَصَرَكْ

لِتَرَى مَا تَغَاضَيْتَ عَنْهُ،

سُدىً،

زَاعِماً أَنَّ في ظُلُمَاتِ الْعَمَى قَدَرَكْ،

لِتَرَى الذِّئْبَ مُبْتَسِماً في وُجُوهِ بَنِيكَ

فَرُؤْيَايَ لَا تَأْوِيلَ لَهَا

وَنِهَايَةُ قِصَّتِنَا

ظُلْمَةٌ، وَدَمٌ، وَحَدِيدْ

مَرْحَباً بِكَ فِي قَبْرِ أَوْهَامِنَا

وَقُيُودِ الْعَبِيدْ!!

اَلأَثَافِي...

1 - جُبٌّ:

يُوسُفٌ فِي الْغَيَابَاتِ

يُغْرِي عُيُونَ الدِّلَاءِ

لِتَرْوِيَ لِلْمَاءِ بَعْضَ حَكَايَا السَّمَاءِ

وَيُغْرِي ظُنُونَ النِّسَاءْ

لِيُرَاوِدْنَهُ

وَيُقَطِّعْنَ أَحْزَانَهُ

فِي شَظَايَا الْهَبَاءْ.

2 – قُرْبَانٌ:

أَيُّهَا الزَّمَنُ الْأَغْبَرْ

هَاكَ حِبْراً جَرَى مِنْ دِمَائِي السَّخِيَّهْ

كَيْ تَخُطَّ عَلَى جَسَدِي صَلَوَاتِ الرَّمَادْ

هَاكَ حُزْنِي كُحْلاً لِأَعْيُنِكَ الْغَجَرِيَّهْ

كَيْ تَرَى بِفُؤَادِيَ جُرْحَ الْبِلَادْ!

3 - أَقْنِعَةٌ:

أَيُّهَا الزَّمَنُ الأَغْبَرْ

هَذِهِ بَعْضُ آثَارِ أَقْدامِكَ الدُّهْمِ

شَيْباً هَذَى

وَتَجَاعِيدَ خَطَّتْ سُطُورَ الرَّدَى

فِي تَضَارِيسِ أَجْسَادِنَا الْحَالِكَهْ.

هَذِهِ بَعْضُ آثَارِ أَقْدَامِكَ الْخُرْسِ

بَيْنَ دَهَالِيزِ أَرْواحِنَا

مِهْرَجَانَ حِدَادٍ

بِأَقْنِعَةٍ ضَاحِكَهْ..!

طَلْقَةُ الْحَيَاةِ الصَّائِبَةُ..

لَا أَدَّعِي بُطُولَةً

وَلَا عَنْتَرِيَّهْ..

في سَاحَةٍ، قِيلَ هِيَ الْحَيَاةُ،

أَلْفَيْتُ نَفْسِي بَيْنَ أَشْلَاءِ الصَّدَى

مُحَطَّماً كَمِزْهَرِيَّهْ،

أَزْهَارُهَا

دِمَاءُ شَمْسٍ غَارِبَهْ

عَلَى رَصِيفِ الْمَوْتِ رُوحِي مِزَقٌ

لَمْ تُلْفِ شِبْرَ قَبْرِهَا في وَطَنِي

فَكَفَّنَتْ بِالنَّزْفِ أَحْلَاماً

رُؤَاهَا كَاذِبَهْ

أَنَا سَوَادُ الْيُتْمِ في ثَوْبِ بِلَادٍ مُومِسٍ
صَوَّحَ جَنْيُهَا
فَصَارَتْ رَاهِبَهْ

سَيِّدَتي،

فَلْتَتْرُكِينِي لِلْأَسَى يَنُوشُ نَهْباً كَبِدِي،

صَقْراً يُرَوِّي مِنْ دَمِي مَخَالِبَهْ

رُؤَى الْأَساطِيرِ انْقَضَتْ،

وَالنَّارُ في عَيْنَيَّ تَسْتَجْدِي مِنَ الصَّقِيعِ دِفْئاً

فَانْظُرِي في أيِّ حَبْلٍ مِنْ خَيالِ الثَّلْجِ

أَنْتِ حاطِبَهْ

لَا أَدَّعِي بُطُولَةً،

أَنَا ضَحِيَّةٌ هَوَتْ في سَاحَةِ الْمَوْتِ

بِطَلْقَةِ الْحَيَاةِ الصَّائِبَهْ.

حَنْظَلَة

اَلظُّلْمُ لَيْلٌ نَابِغِيٌّ
مَا أَطْوَلَهْ
ضَنَّ بِآخِرِهْ
وَأَهْدَى أَوَّلَهْ

وَالْحُلْمُ في بِيدِ الْكَوَابِيسِ..
يَسِيرُ..
وَالظَّلَامُ يَحْتَسِي ظِلَالَ خَطْوِهِ،
وَيَهْدِي بِالضَّلَالِ أَرْجُلَهْ

وَبِيدُنَا حُبْلَى بِأَوْهَامِ النَّدَى

في رَمْلِهَا ضَحَّى بِمَاضِيهِ وَآتِيهِ دَلِيلُ الْقَافِلَهْ

في ذُلِّهِ أَعْمَى..

يَرَى الَّذِي يُرَى لَهُ:

مُعَارِضاً

– بِسَيْفٍ خَشَبِيٍّ

وَحِصَانٍ قَصَبِيٍّ –

بَاطِلَهْ،

أَوْ مُتَنَاوِباً

تَيَمَّنَتْ شِمَالُهُ فَأَمْطَرَتْ عَلَى الشَّعْبِ مَنَادِيلاً

لِيَبْكِيَ الْقَتِيلُ قَاتِلَهْ

أَوْ مُتَأَسْلِماً يَخِيطُ مِنْ هُدَى الْمِلَّةِ جُبَّةً لِكُلِّ مَرْحَلَهْ..

وَنَحْنُ أَمْوَاتٌ عَلَى قُبُورِ أَمْوَاتٍ
نَسِيرُ..
كُلَّمَا غَصَّتْ عُيُونُهُمْ بِدَمْعِ الْقَهْرِ
أَزْهَرَتْ عَلَى قُبُورِهِمْ أَشْجَارُ سِدْرٍ
وَعَلَى أَفْوَاهِنَا عَرْبَدَ شَوْكُ الأَسْئِلَهْ

لَوْلَا مَدَى الْبَرْزَخِ عَادُوا لِيُعَلِّمُوا الرَّعَايَا أَبْجَدِيَّاتِ الْحَيَاةِ:

أَنْ يَمُوتُوا كِرَاماً مِثْلَ حُلْمِ السُّنْبُلَهْ،

لَوْلَا مَدَى الْبَرْزَخِ عَادُوا

يَتَأَبَّطُونَ تَارِيخاً مُنَقَّحاً بِحِبْرِ الشُّهَدَاءِ وَالثَّكَالَى وَالْيَتَامَى...

كُلُّ سَطْرٍ شَاهِدٌ بِنَزْفِهِ عَلَى اكْتِمَالِ الْمَهْزَلَهْ..

لَوْ أَنَّهُمْ عَادُوا..

أَشَارُوا بِرِمَاحِ النَّهْبِ

نَحْوَ بَهْلَوَانٍ غَزَلَتْ أَوْهَامُنَا حَبَائِلَهْ،

يَلْهُو وَيَلْهُو عَابِثاً

لِيَضْحَكَ الشَّقَاءُ فِي قُلُوبِنَا

وَتَرْتَوِي شِفَاهُنَا بِالْأُغْنِيَاتِ الذَّابِلَهْ..

وَيَرْتَقِي الْيَأْسُ – الْمَسِيْحُ

رَامِياً

بِالْأُمْنِيَاتِ

نَحْوَ

سَفْحِ

الْجُلْجُلَهْ

تَعِيشُ بِالْمَرَارَةِ الْأَوْطَانُ فِينَا

مِثْلَمَا يَحْيَا، بِغُصَّةِ الصَّلِيبِ، حَنْظَلَهْ

يَقُولُ: لَا وَقْتَ لِلِالْتِفَاتِ

هَهُنَا طَرِيقٌ لِلْحَيَاةِ مُشْرَعٌ

مَنْ يَحْضُنُ الْمَوْتَ مَعِي

كَيْ نُكْمِلَهْ؟

مِنْدِيلُ فَاطِمَة وَضَفَائِرُ الْحُرِّيَّة

– 1 –

مِنْدِيلُ فَاطِمَةٍ
شِرَاعٌ كَالْفَرَاشَهْ
مِنْ خُيُوطِ النَّأْيِ قُدَّ نَسِيجُهْ
مِنْ ذِكْرَيَاتِ النَّايِ مُدَّ نَشِيجُهْ
في نَارِ حُبِّي يَسْتَطِيبُ خَلَاصَهْ

– 2 –

مِنْدِيلُ فَاطِمَةٍ هَزَارٌ

أَتْقَنَتْ قَوْسُ الْغِيَابِ قِنَاصَهْ

صَدْرِي فِدَاهُ

بِقُبْلَةٍ كَالشَّدْوِ

مِنْ شَفَتَيْ رَصَاصَهْ..

– 3 –

أَنَا طَارِقٌ بَابَ الْغِيَابِ

وَحَارِقٌ، فِي لَاهِبٍ مِنْ لَوْعَتِي وَحُدَائِي،

نَزَوَاتِ أَشْرِعَتِي

وَدَمْعَ زَوَارِقِي.

لَمَّا أَضَعْتُكِ – زَهْرَتِي –

لَا شَيْءَ عِنْدِي أَخْسَرُهْ،

عَيْنَايَ مُغْمَضَتَانِ مِنْ أَلَقٍ

كَجَوْهَرَتَيْنِ في كَفِّ الْعَمَاءِ،

سَأُوَدِّعُ الأَغْلَالَ

أُنْزِلُ جَمْرَ خَوْفِي مِنْ عُرُوشِهِ

مُشْعِلاً فِيهِ صَقِيعَ الثَّلْجِ لَمَّا آمُرُهْ.

– 4 –

قَلْبِي هَزَارٌ، في أَسَاطِيرِ الرَّبِيعِ،
تَخَضَّبَتْ بِنَشِيدِهِ الْحُرِّيَّهْ
فَتَعَانَقَ الشُّهَدَاءُ في لَحْنِ الرَّصَاصَهْ
كَيْ تُورِقَ الْآمَالُ في الْأَبَدِيَّهْ
وَلِكَيْ يَنَالَ الْخُلْدُ مِنْ دَمِهِمْ قَصَاصَهْ.

صَلِيلُ الْمَتَاه

اَلْهَزَار

اَلْهَزَارُ عَلَى وَهَجِ السِّنْدِيَانْ
لَمْ يَعُدْ يَشْدُو.
لِصَدَى الصَّمْتِ أَصْغَتْ وَسَاوِسُهُ،
فَاسْتَبَدَّ بِهِ الْوَجْدُ،
وَطَفَتْ ذِكْرَيَاتُ الدِّمَا صَدَأً
فَوْقَ نَصْلِ الزَّمَانْ.

يَا هَزَارُ،

مِنْ خَطَايَا الْخُلُودِ تَئِنُّ الثِّمَارُ،

وَالْغُصُونُ أَكُفُّ النَّدَمْ

مَدَّهَا في الْعَدَمْ

عَوْسَجٌ، وَغَضاً، وَعَرَارُ..

لَيْسَ غَيْرَ أَسىً خَالِدٍ

وَشَقَاءٍ بِلَا مُنْتَهَى

وَهْمُ تُفَّاحِنَا الْمُشْتَهَى

نَحْتَسِي نَغَمَاتِ الْأَلَمْ

وَنَرَى كَنْزَنَا في شَظَايَا السُّدَى

أَرْخَبِيلَ جِرَاحْ،

نَسْتَنِيرُ بِعَجْزِ الْقَوَامِيسِ

بِتَعَاوِيذِ هَمْسِ الرِّيَاحْ

في شُجُونِ التَّضَارِيسِ.

اَلْهَزَارُ

لَمْ يَعُدْ يَشْدُو،

اِسْتَبَدَّ بِهِ الْوَجْدُ،

فَرَمَى لِلْمَتَاهِ جَنَاحَهْ.

وَرَمَى لِأَسَى الشُّعَرَا

صَمْتَهُ وَجِرَاحَهْ..

ضَجَرُ الْحَدِيد

قَالَ الصَّدَى:

«هَذَا الصَّدَأْ

ضَجَرُ الْحَدِيدْ..»

...

وَأَنَا هَوَاءُ الضَّيْمِ دَثَّرَنِي

وَفِي قَصَبِي قَدِ اخْتَنَقَ النَّشِيدْ

نَزَفَتْ عَلَى كَلِمَاتِيَ الْكَلِمَاتُ

وَالتِّيهُ ابْتَدَأْ

ظَمَأُ السُّؤَالِ خَرِيطَتِي الْعَمْيَاءُ

فِي لَيْلِ الظَّمَأْ

...

وَقَصِيدَتِي اتَّخَذَتْ مَجَازَاتِ النَّدَى

سَاعِي بَرِيدْ

لَمَّا رَأَى، عَطَشاً، رَسَائِلَهُ امَّحَتْ

أَمْلَى عَلَى رَقِّ السَّرَابِ

وَصِيَّةَ الْمَعْنَى الشَّرِيدْ

ثُمَّ امَّحَى مُتَخَفِّياً بَيْنَ الطُّلُولِ

كَهُدْهُدٍ نَسِيَ النَّبَأْ

يَا ذَا الْمَجَازُ الْغِرُّ مَهْلاً،

لَا سَبِيلَ إِلَى الرُّؤَى

إِلّا تَرَاتِيلُ الْخَطَأْ،

مَهْلاً فَفِي سَهْوِ الْخَيَالِ دَمُ الْغَزَالَةِ نَافِرٌ

وَالْمَوْتُ يَحْيَا فِي الْأَنَا،

وَيَمُوتُ فِي وَهَجِ الْقَصِيدْ.

كَهْفُ أَنَايَ

وَلِلْغِوَايَةِ فِتْيَةٌ كَفَرُواْ بِوَقْتِهِمُ

وَدَانُواْ لِلْقَوَافِي بِالسُّجُودْ

وَرِقٌ مُعَتَّقَةٌ لُغَاتُهُمُ

إِذَا الزَّمَنُ انْتَهَى،

مِنْهَا عَلَى الوَرَقِ ابْتَدَأْ

سَيْفٌ أَنَا

هَذَا الْبِلَى يَغْتَالُنِي

غِمْدِي الْهَوَاجِسُ وَالْهَوَى

وَأَنِينُ نَايٍ مَا انْطَفَأْ

ضَجَرٌ.. تَأَبَّدَ فِي رُفَاتِي يَأْسُهُ،

وَالشِّعْرُ يَجْلُو نَفْسَهُ بِرُؤَى الْخُلُودْ.

فَلْيَعْلُ في سَمْعِ الْوُجُودْ:

صَدَقَ الصَّدَى:

«إِنَّ الصَّدَأْ

ضَجَرُ الْحَدِيدْ»..

حَيْثُ يُورِقُ الصَّدَأ

دُرْجُ مَكْتَبِي

زِنْزَانَةٌ مَلْأَى بِأَشْلَاءِ هَوَاجِسِي،

رَمَادِ كُلِّ حُلْمٍ اِنْطَفَأَ.

وَكُلَّمَا أَقْفَلْتُهُ، سُدىً،

أَبَى أَنْ يَنْغَلِقْ.

كَأَنَّمَا صَرِيرُهُ

يُخْفِي أَنِينَ مَا تَشَظَّى مِنْ أَنَايَ فِي الْوَرَقْ.

كَأَنَّهُ يَدُلُّنِي عَلَى صَرِيرِ عَرَبَاتِ الْمَوْتِ فِي دَمِي

هُنَاكَ..

حَيْثُ يُورِقُ الصَّدَأُ..

وَجَعُ النَّاي

الْمِهْمَازُ في سُرَّةِ الْجُرْحِ سَاجِدٌ،

يَبْحَثُ في الْوَجَعِ عَنْ وَحْدَةِ الْوُجُودِ..

عَنْ صَدَأ الرِّيحِ في ثُقُوبِ النَّاي.

لَوْ تَأَنَّى الْمِهْمَازُ قَلِيلاً لَرَأى الرَّقْشَ نَفْسَهُ

عَلَى سَجَّادَةِ الْجُرْحِ الْوَثِيرَة،

عَلَى خَزَفِ الذَّاكِرَةِ،

عَلَى قَصَبِ النَّاي الْمَلِيءِ بِخَوَائِه.

لَوْ تَأَنَّى قَلِيلاً أَكْثَرَ لَرَأى سُنُونُوَّةً تَسْكُنُ نُحَاسَهُ.

وَبِشَيْءٍ مِنَ الْخِيمِيَاءِ في قَلْبِهِ،

تَشْتَعِلُ زَهْرَةُ الْجُرْحِ في دِمَاءِ السَّلالَة..

مَنَارَاتٌ وَنَوَارِسُ

عَلَى الشُّطْآنِ

الْمَنَارَاتُ تَائِهَاتٌ.

أَنَّى لَهَا أَنْ تُغْرِيَ صَارِيَاتِ الْوَجَعِ،

أَنْ تَسُلَّ الْمَسَامِيرَ مِنْ لَوْحِ الرِّيحِ

دُونَ أَنْ تُؤْلِمَ أَجْنِحَةَ النَّوَارِسِ الْمَصْلُوبَةَ في الأَثِير.

الظَّلَامُ يَصْرُخُ مِلْءَ سَوَادِهِ..

لَا صَدىً لِلصَّرْخَة..

تَغْسِلُ أَقْدَامَهَا الْمَنَارَاتُ في مِلْحِ الْبَحْرِ،

وَتَلْتَحِفُ النُّبُوءَاتِ،

وَنَحِيبَ النَّوَارِسِ الْعَائِدَاتِ مِنَ الْخَيْبَةِ إِلَى الْخَيْبَةِ..

كُلُّ وَمْضَةٍ دَمْعَةٌ تَضِيعُ في مِنْدِيلِ اللَّيْل..

وَالنَّوَارِسُ إِبَرُ الْمُحِيط،

تَخِيطُ لِلشُّطْآنِ مُلَاءَةً مِنْ لَحْنِ الْعَوِيلِ الأَخِير..

لِيَكُنْ مَا تُرِيدِينَ أَيَّتُهَا الْمَصْلُوبَةُ في أَهْدَابِ الْمَدَى.

لِيَكُنْ مَا تَشْتَهِينَ مِنْ أَهَازِيجِ قَنَادِيلِ الْبَحْرِ.

لِيَكُنِ الْبَحْرُ مِرْآةَ هَوَاجِسِكْ،

تَرَجَّلِي عَنْ صَهْوَةِ الصَّلِيبِ – الْمَدَى،

وَارْكَبِي الْجُنُونَ الْمُسْرَجَ بِالْجُنُونِ – الأَمِيرِ...

صَلِيلٌ

فَزَّاعَةُ الْحَقْلِ..

تَتَمَايَلُ قُبَّعَتُهَا الْقَشُّ عَلَى إِيقَاعِ الصَّمْتِ.

السُّنُونُو في عَيْنِ الرِّيحِ رَمَى لَوْنَ أَجْنِحَتِهِ.

وَهَا أَفْوَاهُ الْفِخَاخِ الْغَرْثَى مَفْغُورَةٌ،

بِبَلَاهَةِ الصَّدَأ اتَّشَحَتْ.

وَحْدَهَا السَّنَابِلُ أَوْمَأَتْ بِالصَّلِيلِ لِآخِرِ الْمَنَاجِل..

مُقَدِّمَةٌ عَلَى سَبِيلِ الادِّعَاء

أَحَابِيلُ الْغُصَّة

هَلْ أَدَّعِي أَنَّنِي شَاعِرٌ
يَخِيطُ جِرَاحَ الْأَرْضِ بِإِبَرِ الْمَجَازِ
يَرْفَعُ الْهَرْجَ عَالِياً عَلَى أَعْمِدَةِ النَّحِيبِ..
لِيَكْتَمِلَ الْمَشْهَدُ الْيَائِسُ مِنْ يَأْسِهِ..؟

هَلْ أَدَّعِي

أَنَّ اللُّغَةَ أُحْفُورٌ يَنَامُ في جُبَّةِ الْأَصْمَعِيّ

يَتَمَطَّى الْمَعْنَى في قَرِيحَتِهِ

لِيَنْبَعِثَ الرَّمَادُ مِنَ الْقَوَامِيسِ

كَلِمَاتٍ نُحَاسِيَّةً بِلَا نُقَطٍ..؟

أَيُّهَا الصَّهِيلُ الْعَالِقُ في أَحَابِيلِ الْغُصَّة

لَا مَعْنَى لِلْمَوْتِ.. هَهُنَا

الْفَضَاءُ كَفَنٌ مِنْ أَثِيرٍ

وَأَبْرَاجُ السَّمَاءِ لَا تَدُورُ عَلَى إِيقَاعِكَ الْمَبْحُوح

أَنَّتُكَ صَرِيرُ عَرَبَاتٍ عَلَى طَرِيقٍ ضَاعَتْ نِهَايَتُها في السَّدِيم

أَمَّا الصَّدَى

فَرَجْعُ السُّدَى

في مِسْمَعِي

أَنَا الشَّاعِرُ الْمُدثَّرُ بِادِّعَاءَاتِهِ وَبِيَأْسِهِ

اَلْحَالِمُ بِطَعْنِ اللُّغَةِ بِخِنْجَرِ الْمَجَازِ الضَّاحِكِ

عَلَّهَا تُسْعِفُنِي بِرَفْعِ الصَّهِيلِ الْمُحْتَضَرِ

في أَحَابِيلِ الْغُصَّةِ..

الفهرس